SALVAR EL Medio ambiente

David and Patricia Armentrout

Rourke Educational Media
rourkeeducationalmedia.com

www.rourkeeducationalmedia.com

PHOTO CREDITS: © NASA: Cover; © Viktoriya Yatskina: Title Page; © Honda Media: page 4 top, 29 bottom; © Vadim Kozlovsky: page 4 bottom; © Brandon Alms: page 5; © Brittany Carter Courville: page 9; © tomos3: page 9 top; © Terrance Emerson: page 9 bottom; © Siemens: page 11; © edge69: page 11 inset; © Tony Tremblay: page 13; © Armentrout: page 15 inset; © Alexander Hafemann: page 15; © Blackred: page 16 inset; © Richard Schmidt-Zuper: page 16, 17; © Jaap Hart: page 19; © Varina and Jay Patel: page 21; © Eric Foltz: page 23 top; © Cheryl Graham: page 23 bottom: © Archives: page 24; © Oralleff: page 25; Elena Elisseeva: page 27; © Steve Dibblee: page 28; © Andrew Soloyev: page 29 top; © Matej Pribelsky: page 31; © Gretar Ivarsson: page 31 inset; © Majoros Laszlo: page 32, 33; © wsfurlan: page 35; © Yinyang: page 36; © General Motors/Matthew Staver: page 37; © Rob Marmion: page 38; © Jani Bryson: page 39; © Nancy Louie: page 41; © Mike Clarke: page 42; © Kristin Smith: page 43; © Skip ODonnell: page 45; © Julien Grondin: page 45 background

Edited by Kelli Hicks

Cover design by Jason Register
Interior design by Teri Intzegian
Editorial/Production services in Spanish
by Cambridge BrickHouse, Inc.
www.cambridgebh.com

Armentrout, David and Patricia
Salvar el medioambiente / David and Patricia Armentrout.
ISBN 978-1-62717-341-4 (soft cover - Spanish)
ISBN 978-1-62717-543-2 (e-Book - Spanish)
ISBN 978-1-60694-701-2 (soft cover - English)

Rourke Educational Media
Printed in the United States of America,
North Mankato, Minnesota

Rourke Educational Media

rourkeeducationalmedia.com

customerservice@rourkeeducationalmedia.com • PO Box 643328 Vero Beach, Florida 32964

Contenido

CAPÍTULO UNO

¿Qué significa ser verdes?

La mayoría de los productos que compramos vienen en sus envolturas, y esas envolturas terminan en los vertederos de basura. La mayoría de las cosas que usamos se hacen en las fábricas, esas fábricas queman combustibles que contaminan el aire.

Ser verdes significa mejorar la manera en que producimos, compramos, usamos y desechamos productos. Significa contribuir menos a la contaminación del aire y a los vertederos de basura. Ser verdes significa hacer las cosas de manera que no perjudique el medio ambiente.

¿Cómo podemos ayudar al medio ambiente? Podemos empezar por usar más energía verde. La energía verde produce poco o ningún daño al medio ambiente.

Combustible para el pensamiento

Otras formas de llamar la energía verde son: energía alternativa, energía limpia y energía renovable.

CAPÍTULO DOS

Energías globales

Combustible para el pensamiento

Energía renovable

Energía solar

- Energía proveniente de la luz y el calor del Sol
- Se renueva día a día mientras brilla el Sol

Energía eólica

- Energía proveniente del movimiento del viento
- Se renueva día a día mientras sopla el viento

Energía hidroeléctrica

- Energía proveniente del movimiento del agua
- Se renueva día a día en las olas y los ríos que fluyen

Energía geotérmica

- Energía del calor y el vapor que se encuentra bajo la superficie de la Tierra

Energía de la biomasa

- Material vegetal y desechos de animales que se usan para generar energía

Existen muchas formas de energía verde, la más importante es la energía solar. El Sol es nuestra mayor fuente de energía, ya que proporciona luz y calor. Sin el Sol, las plantas y los animales no podrían sobrevivir. Además, muchas de las energías verdes sobre las que aprenderás comienzan con la energía solar.

Cubrimos nuestras necesidades de energía con las fuentes que aparecen en la lista. Sin embargo, la mayor parte de la energía mundial proviene de fuentes de energía no renovables.

Energía no renovable

CARBÓN

- Sólido que tarda millones de años en formarse
- Se saca de la tierra

PETRÓLEO

- Líquido que tarda millones de años en formarse
- Es bombeado desde el suelo

GAS NATURAL

- Gas incoloro e inodoro que tarda millones de años en formarse
- Es bombeado desde el suelo

GAS PROPANO

- Gas natural que se torna líquido cuando está expuesto a altas presiones o a bajas temperaturas
- Se puede encontrar junto al gas natural y al petróleo

ENERGÍA NUCLEAR

- Está en los átomos, las partículas más pequeñas de la materia
- Se obtiene del uranio que se extrae de la tierra

CAPÍTULO TRES

Los combustibles fósiles y la contaminación

Usamos **combustibles fósiles**, como el petróleo y el carbón, más que cualquier otro tipo de energía. Los quemamos para convertir su energía almacenada a una forma de energía que podamos usar, el calor. Desafortunadamente, los combustibles fósiles no son verdes. Cuando se queman, liberan gases como el dióxido de carbono que contamina el aire. La contaminación del aire perjudica la salud de las plantas y de los animales.

Combustible para el pensamiento

Según la Organización Mundial de la Salud, la contaminación del aire causa 2.4 millones de muertes cada año. Las muertes son a causa de enfermedades de los pulmones como el asma, la neumonía, la bronquitis y el enfisema pulmonar.

La mayoría de las plantas eléctricas queman carbón para calentar el agua y producir el vapor. El vapor enciende la **turbina**, que a su vez suministra energía a un **generador** que produce electricidad. En la actualidad existen aproximadamente 50,000 plantas eléctricas que queman carbón en todo el mundo. Ese número se espera que se incremente en un 60 por ciento para el año 2030. ¿Cómo afectará nuestra salud y la del planeta el aumento de las plantas eléctricas que queman carbón?

CAPÍTULO CUATRO

Gases de efecto invernadero

Los gases de efecto invernadero son gases presentes en la **atmósfera** de la Tierra. Ellos impiden que parte de la energía del Sol se escape al espacio. Los gases de efecto invernadero mantienen la Tierra lo suficientemente caliente para que exista vida.

Combustible para el pensamiento

Los combustibles fósiles contienen altos volúmenes de carbono. Liberamos dióxido de carbono al quemar carbón, petróleo y gasolina proveniente del petróleo.

Algunos de los más poderosos y abundantes gases de efecto invernadero son el vapor de agua, el dióxido de carbono, el metano y el ozono. Los gases se producen de forma natural, algunos son creados a partir de actividades humanas. Muchas personas están preocupadas por la cantidad de gases de efecto invernadero que creamos, especialmente el dióxido de carbono.

Algunos rayos de luz solar que llegan a la Tierra se reflejan en el espacio.
El dióxido de carbono y otros gases en la atmósfera atrapan el calor, lo que mantiene caliente la Tierra.
Atmósfera
SIEMENS

Combustible para el pensamiento

Transportar la comida en barcos, camiones y aviones desde la granja hasta nuestra mesa incrementa nuestro problema con el dióxido de carbono. Comprar alimentos que se cultivan de manera local ayuda a reducir los gases del efecto invernadero.

Durante millones de años, los gases de efecto invernadero se mantuvieron constantes. Cuando había un aumento o una decaída en los niveles de gases, el tiempo los balanceaba de manera natural. Ahora, tenemos altos niveles de dióxido de carbono por todo el combustible fósil que quemamos. Los procesos naturales no tienen el tiempo suficiente para balancear el dióxido de carbono que liberamos hacia la atmósfera.

Muchos investigadores concuerdan en que altos niveles de dióxido de carbono contribuyen al calentamiento global. El calentamiento global es el aumento de la temperatura promedio de la Tierra. Reemplazar el uso de la energía de algunos combustibles fósiles con energía verde puede reducir los niveles de dióxido de carbono.

CAPÍTULO CINCO

Energía solar

La energía solar es una buena energía alternativa. Las plantas de energía solar producen electricidad usando el calor del Sol. Las plantas eléctricas recogen la luz solar con la ayuda de grandes espejos reflectores. Los espejos dirigen la luz hacia un líquido que se calienta. El líquido caliente hace que se caliente el agua y produce vapor sin que se forme dióxido de carbono. Luego, como en las plantas eléctricas convencionales, el vapor hace girar una turbina, que a su vez da electricidad a un generador.

Las plantas de energía solar **térmica** son enormes recolectores de calor. Podemos usar el mismo concepto básico en casa, a menor escala, con calentadores solares de agua. Los calentadores solares de agua tienen cajas recolectoras que absorben el calor del Sol. Ellos transfieren el calor hacia un tanque de agua. Los calentadores solares ayudan al medio ambiente al reducir la necesidad de quemar combustibles fósiles.

Combustible para el pensamiento

La próxima vez que hagas un té, no uses el fogón para calentar el agua. Coloca las bolsitas de té en una jarra con agua. Luego, coloca la jarra directamente a la luz solar y deja que la energía solar térmica haga el trabajo.

Utilizamos las **celdas solares**, llamadas celdas fotovoltaicas (celdas PV) que producen electricidad directamente de la luz solar. Las celdas están hechas de materiales especiales. Cuando la luz del Sol le da a las celdas, se crea una corriente eléctrica. Las centrales eléctricas PV recolectan la electricidad y la envían a través de líneas eléctricas, suministrando energía solar limpia a viviendas y comercios. Podemos reducir el nivel de contaminación que causamos si usamos más energía solar y menos energía de combustibles fósiles.

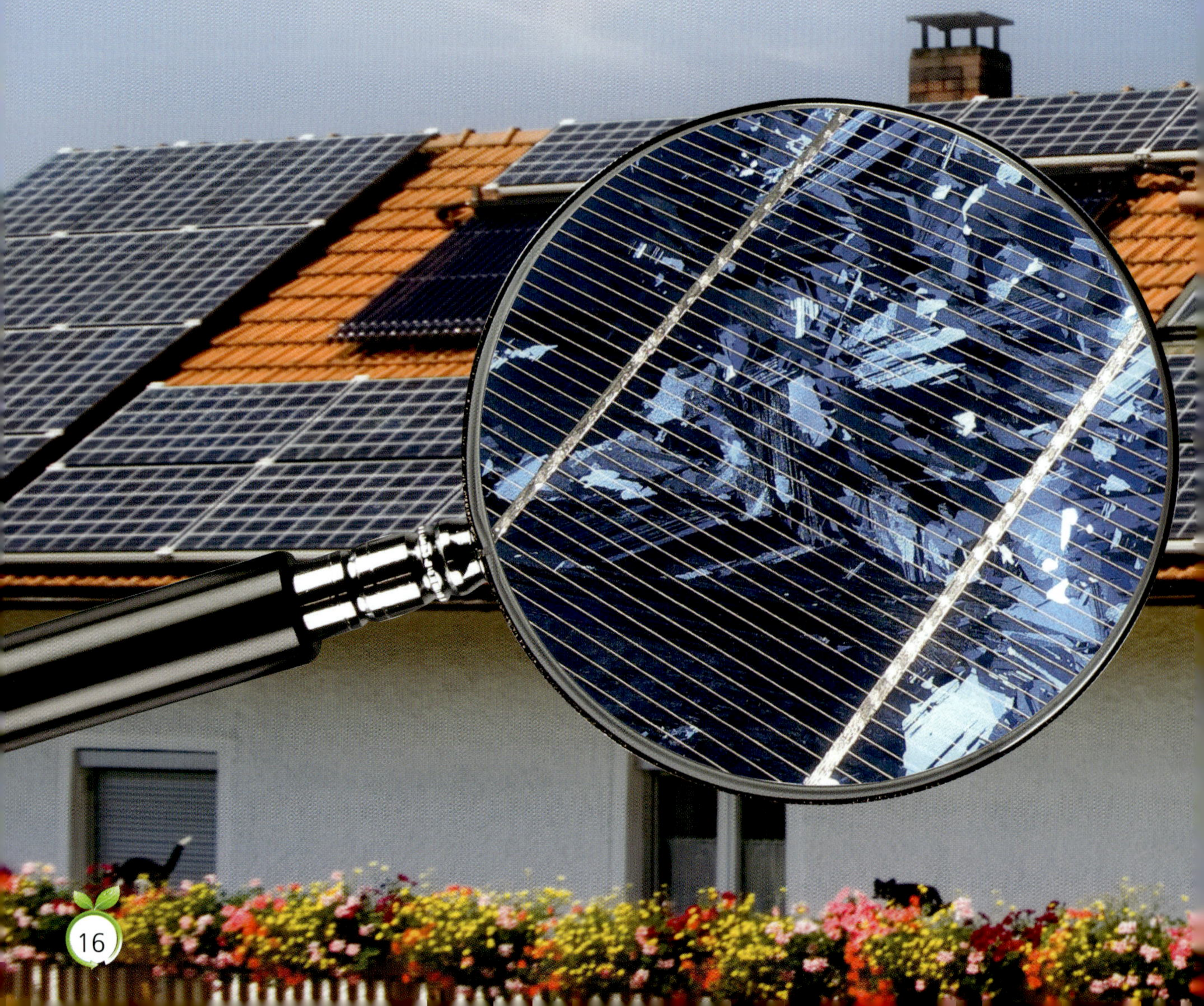

Combustible para el pensamiento

¿Las personas pueden utilizar celdas solares? ¡Sí! Algunas personas instalan paneles solares en sus casas. Usted puede incluso comprar calculadoras, relojes y muchos otros productos que funcionan con energía solar.

CAPÍTULO SEIS

Energía eólica

Los tornados y huracanes nos muestran cuán destructivo es el viento, pero el viento también es productivo. La gente sabía hace mucho tiempo acerca de los beneficios del viento. Lo usaban para mover sus veleros y hacer girar sus molinos de viento. Los molinos de viento son máquinas que hacen trabajo mecánico, como moler el grano, bombear agua y cortar madera. No se usa electricidad, solo se requiere la energía del viento.

Los molinos de viento todavía se usan en muchas partes del mundo. En Australia y África, por ejemplo, los molinos actúan como bombas para sacar agua para los seres humanos y el ganado. En Holanda, estos molinos-bomba son esenciales porque la mayor parte del país se encuentra por debajo del nivel del mar. Los molinos-bomba están colocados a lo largo de los pólderes, que son las secciones de tierra rodeada de diques. El molino-bomba vacía el pólder cuando se llena con agua de lluvia o de canales y ríos cercanos.

Hoy en día, la energía eólica es una **industria** en crecimiento. Muchos lugares en todo el mundo utilizan máquinas modernas que usan el viento para generar electricidad.

Los parques eólicos son plantas de energía eléctrica. Convierten la energía eólica limpia en electricidad con equipos denominados aerogeneradores. El viento hace girar las aspas largas de una turbina. Al girar, las cuchillas transfieren la energía eólica a un generador, sin producir dióxido de carbono. Entonces, el generador produce electricidad.

Los parques eólicos generan electricidad en todo el mundo. Si usamos más energía eólica y menos energía proveniente de combustibles fósiles, podemos reducir la cantidad de dióxido de carbono que liberamos en el aire.

Combustible para el pensamiento

Los parques eólicos proporcionan electricidad a unos 45 millones de norteamericanos.

CAPÍTULO SIETE

¡Con el agua!

La energía hidroeléctrica utiliza el flujo del agua para hacer trabajo. Cuando convertimos la energía que está en el agua en electricidad, decimos que es energía hidroeléctrica.

La presa Grand Coulee en Washington, es una planta hidroeléctrica. De hecho, es la planta más grande de cualquier tipo en los Estados Unidos. La presa tiene 5,223 (1,586 metros pies) de largo. Mantiene el agua del río Columbia en un embalse llamado lago Franklin Delano Roosevelt. La planta cuenta con cuatro estaciones con 33 generadores que producen electricidad.

Además de proporcionar electricidad para once estados del oeste, la presa Grand Coulee también sirve como área de recreación al aire libre. Dos lagos, senderos, un campo de golf y visitas guiadas a la presa atraen a más de 1 millón visitantes al Área Recreativa Nacional del lago Roosevelt, anualmente.

Combustible para el pensamiento

La energía hidroeléctrica es la energía verde más usada en el mundo. Suministra alrededor del 19 por ciento de la electricidad mundial.

Combustible para el pensamiento

La presa Hoover tiene 726 pies (221 metros) de alto. Su reserva de agua es el lago Mead, que es parte del Área Recreativa Nacional del lago Mead.

Muchas de las grandes represas hidroeléctricas proporcionan electricidad a las ciudades cercanas. Por ejemplo, la presa Hoover en el río Colorado genera electricidad para zonas en Arizona, Nevada y California.

El Grand Coulee y la presa Hoover usan la gravedad. La gravedad es una fuerza natural que atrae a los objetos hacia la superficie de la Tierra. Los ingenieros construyeron estas presas de gravedad muy altas. De esa forma, la energía en forma de agua puede hacer girar las turbinas en las centrales eléctricas. Si el mundo utilizara más energía hidroeléctrica y menos electricidad generada con combustibles fósiles, se podría reducir la contaminación del aire.

Los generadores eléctricos producen electricidad en la central eléctrica Hoover.

CAPÍTULO OCHO

Energía del hidrógeno

El Sol, nuestra fuente de energía más poderosa, está compuesto principalmente de hidrógeno. De hecho, todas las estrellas contienen hidrógeno, el elemento más abundante en el universo. El hidrógeno se produce en la Tierra, pero raramente en su forma pura. Es un gas ligero, que se eleva en la atmósfera a menos que se combine con otros elementos. Por ejemplo, el hidrógeno y el carbono se combinan para formar hidrocarburos en los combustibles fósiles. El hidrógeno también se une con el oxígeno para formar agua. Para usar hidrógeno como combustible, primero tenemos que separarlo de los otros elementos.

Combustible para el pensamiento

Separamos el hidrógeno de otros elementos de dos formas: Por la reformación catalítica de los combustibles fósiles, lo que separa el hidrógeno del carbono, y por electrólisis en celdas electroquímicas, que separa el hidrógeno del agua.

H
H
O
H_2O

La mejor manera de producir hidrógeno y preservar el medio ambiente, es extraerlo del agua. Las celdas de combustible de hidrógeno utilizan esta tecnología. Producen electricidad mediante una reacción química entre el hidrógeno y el oxígeno. ¡El único subproducto es agua!

Varios fabricantes han desarrollado autos impulsados por hidrógeno. Sin embargo, la mayoría no están listos para la venta al público. El uso del hidrógeno como combustible no es una idea nueva. La NASA ha utilizado el hidrógeno líquido para enviar cohetes al espacio desde los años 70. Los transbordadores espaciales utilizaron las celdas de combustible de hidrógeno en algunos de sus sistemas eléctricos. Los astronautas se tomaban el único subproducto: agua pura.

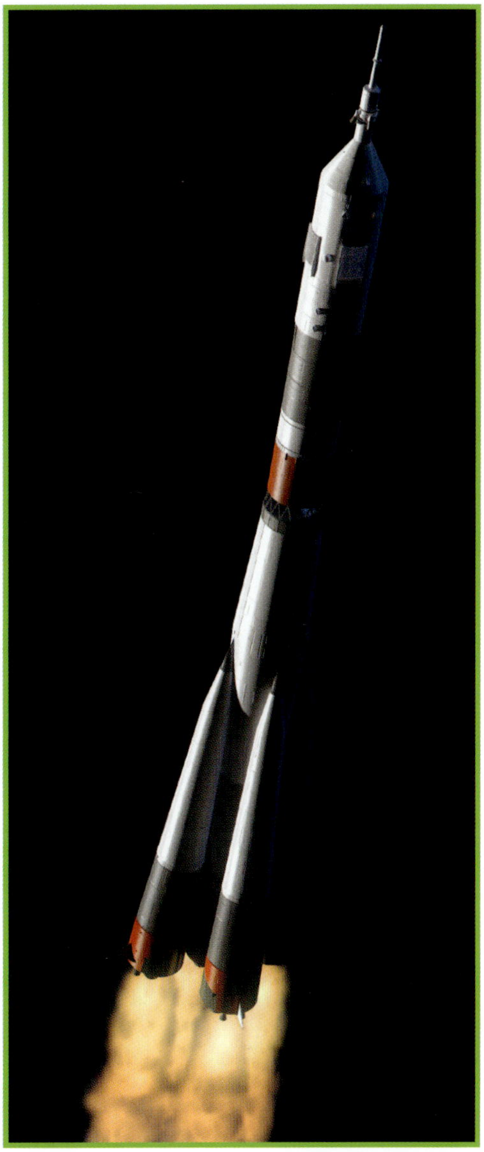

Aunque esta tecnología ha existido por décadas, los científicos están encontrando formas para mejorar el almacenamiento en las celdas de combustible, reduciendo los costos de producción. Las celdas de combustible de hidrógeno tienen el potencial de convertirse en una fuente de energía confiable y limpia.

CAPÍTULO NUEVE

Energía geotérmica

La energía geotérmica viene de lo profundo de la Tierra. Comienza en el corazón de la misma donde la temperatura es aproximadamente 12,632 grados Fahrenheit (7,000 grados centígrados). La temperatura extrema calienta la roca y el agua debajo de la superficie. El calor se escapa en forma de vapor y agua a través de arroyos termales y géiseres. El calor también se escapa durante las erupciones volcánicas.

Muchos países usan la energía geotérmica. Islandia, por ejemplo, bombea el agua caliente subterránea y la usa en los sistemas de calefacción. ¡Ellos calientan más del 80 por ciento de sus casas con energía geotérmica! También producen aproximadamente el 26 por ciento de su electricidad en centrales eléctricas geotérmicas.

Central geotérmica de Nesjavellir Geothermal, en Islandia

La utilización de la energía geotérmica para producir el agua caliente es una práctica vieja. Los antiguos romanos construyeron baños públicos sobre áreas donde el agua caliente burbujeaba de la tierra. Muchos balnearios modernos y centros turísticos también están cerca de zonas geotérmicas naturales.

Una planta de energía geotérmica toma el calor de la Tierra y lo convierte en electricidad. California tiene el mayor grupo de centrales eléctricas geotérmicas en el mundo. Situado al norte de San Francisco, Geysers es un complejo de centrales eléctricas. Veintidós centrales se asientan en cuatro millas por encima de una zona de **roca fundida** o magma. El magma calienta la roca sólida y el agua, creando vapor. Las plataformas de perforación realizan agujeros en la tierra buscando zonas donde se almacena el vapor. Entonces, las tuberías transportan el vapor hacia las turbinas de arriba. Geysers genera energía eléctrica limpia para 750,000 hogares. Usar más energía geotérmica y menos energía producida con combustible fósiles, es otra manera de reducir la contaminación del aire.

CAPÍTULO DIEZ

Biomasa

La biomasa es materia vegetal y los desechos secos de los animales. La biomasa de las plantas, tales como la madera, el maíz y la caña de azúcar, es renovable porque podemos cultivarla. Los residuos animales son renovables porque, bueno, los animales hacen lo que es natural.

Quemamos biomasa y combustibles fósiles para generar energía térmica. La biomasa y los combustibles fósiles tienen algo más en común. Los combustibles fósiles se originaron de plantas y animales. Sin embargo, esas plantas y animales vivieron hace mucho tiempo. En contraste con la biomasa, los combustibles fósiles requieren de millones de años para formarse, por lo que son energías no renovables.

A veces no quemamos biomasa, pero quemamos un combustible hecho con ella. Por ejemplo, cultivamos el maíz y la caña de azúcar para la producción de un biocombustible llamado **etanol**. La quema de biomasa y biocombustibles produce dióxido de carbono al igual que los combustibles fósiles. Sin embargo, si sustituimos la biomasa **cosechada** por nuevas plantas, absorberán un poco del dióxido de carbono durante la **fotosíntesis**.

La fotosíntesis es el proceso mediante el cual la mayoría de las plantas producen su propio alimento absorbiendo dióxido de carbono y agua del aire.

ALTERNATIVE FUELS
COLORADO
E85
COALITION
HILL PETROLEUM
303-424-6262
Clean Cities
U.S. Department of Energy
CLEANFUELUSA
Tomorrow's Fuels Today

CAPÍTULO ONCE

Hacer la diferencia

Con el tiempo, la sustitución de los combustibles fósiles por energías renovables puede retrasar el calentamiento global. Pero la responsabilidad no solo puede caer sobre las compañías de energía. Las personas pueden hacer una gran diferencia.

Combustible para el pensamiento

¿Sabías que el gobierno de Estados Unidos tiene una agencia que protege el medio ambiente y nuestra salud? Es la Environmental Protection Agency, o EPA. Según la EPA, la industria es el contribuyente principal de gases de efecto invernadero y el transporte es segundo.

Podemos hacer cosas diariamente que afecten al planeta y a nosotros mismos de forma positiva.

CAPÍTULO DOCE

Ahorrar energía

La electricidad hace la vida más fácil y más cómoda. La usamos para que funcionen las luces, los televisores, los ordenadores, y muchas otras cosas. El ahorro de electricidad es una de las cosas más importantes que las personas pueden hacer para reducir los gases de invernadero.

Combustible para el pensamiento

ENERGY STAR es un programa de la EPA y el Departamento de Energía de Estados Unidos. Estas agencias instan a la gente a usar productos eficientes para ayudar al medio ambiente. Según ENERGY STAR, el hogar promedio libera más de dos veces la cantidad de gases de efecto invernadero que el coche promedio. Esta es otra buena razón para ahorrar energía en casa.

Ahorrar electricidad y reducir los gases de efecto invernadero es fácil. Una de las formas más fáciles es la de apagar las luces y aparatos que no se están utilizando. Si aprovechamos la cálida luz solar podemos ahorrar energía y dinero. En un frío día de invierno, no subas la calefacción, en su lugar, abre las persianas y las cortinas y permite que entre la luz del Sol. En el verano, haz lo contrario. Puedes reducir el tiempo de funcionamiento del aire acondicionado cerrando las persianas y las cortinas. Te sorprenderás de lo eficaces que son estos métodos.

Tal vez ya estés haciendo estas cosas. Tal vez conozcas otras maneras de ahorrar energía.

CAPÍTULO TRECE

Las tres R

¿Necesitas ayuda para usar energía verde? Empieza practicando con las tres R. No, no es **R**eír, **R**etozar y **R**imar, sino: **R**educir, **R**eutilizar y **R**eciclar.

Reduce

Reduce el consumo de papel y de bolsas de plástico. Lleva bolsas reutilizables al supermercado, usa servilletas de tela y platos de verdad.

- Lleva el almuerzo a la escuela en una cajita para la comida, no en una bolsa de cartucho.
- Reduce la cantidad de agua que utilizas. Cierra el grifo mientras te cepillas los dientes. Solo enciende el lavavajillas y la lavadora cuando estén llenos.
- Reduce la cantidad de electricidad que utilizas. Instala nuevas luces fluorescentes compactas para ahorrar energía y dinero. Apaga luces y desconecta los aparatos cuando no los estés usando.
- Reduce la contaminación del aire y los gases de efecto invernadero caminando o montando en bicicleta. (¡Es un buen ejercicio también!). Si no te es posible, trata de compartir un paseo o usar el transporte público.

Reutiliza

Deja que otras personas utilicen las cosas que no usas. Dona los artículos a la caridad, en lugar de botarlos.

- Reutiliza tinas de plástico y envases de vidrio en lugar de comprar nuevosrecipientes de almacenamiento.
- Reutiliza los desperdicios de comida orgánica y de tu patio mediante la creación de una pila de compost (abono).

Recicla

- Recicla papel, plástico y artículos de metal para que no terminen en los basureros.
- Compra artículos hechos con materiales reciclados.
- Cuando te aburras de tus videojuegos, libros y DVDs, ¡intercámbialos por otros con tus amigos!

Glosario

atmósfera: mezcla de gases que rodea a la Tierra

celdas solares: aparatos que producen electricidad cuando les da la luz

combustibles fósiles: carbón, petróleo y gas natural, formado a partir de plantas y animales que vivieron hace millones de años

cosechar: sembrar, cultivar y recoger frutos y plantas

eficiente: que trabaja sin malgastar energía

etanol: combustible en forma de alcohol que se obtiene de granos como el maíz y la caña de azúcar

fotosíntesis: proceso químico mediante el que las plantas producen su alimento

generador: máquina que convierte energía en electricidad

industria: compañías manufactureras y otros negocios

roca fundida: roca transformada en líquido por el calor

reserva: área natural o artificial que contiene agua

térmica: que tiene que ver con el calor

turbina: motor movido por aire, agua, vapor o gas

Índice

Más lectura

Jakab, Cheryl. Energy Use. Black Rabbit Books, 2008.
Orme, Helen. Energy for the Future. Bearport Publishing, 2008.
Wheeler, Jill. Renewable Fuels. ABDO Publishing, 2007.

Sitios de la internet

www.doe.gov/forstudentsandkids.htm
http://powerhousekids.com

Sobre los autores

David y Patricia Armentrout se especializan en libros de no ficción para niños. Ellos disfrutan investigando diferentes temas y han escrito sobre muchos, incluyendo deportes, animales, historia y la gente. A David y Patricia les encanta pasar su tiempo libre al aire libre con sus dos hijos y su perro Max.